VILLES EUROPÉENNES LIVRE DE COLORIAGE

Ce livre appartient à:

PAGE DE TEST DE COULEUR

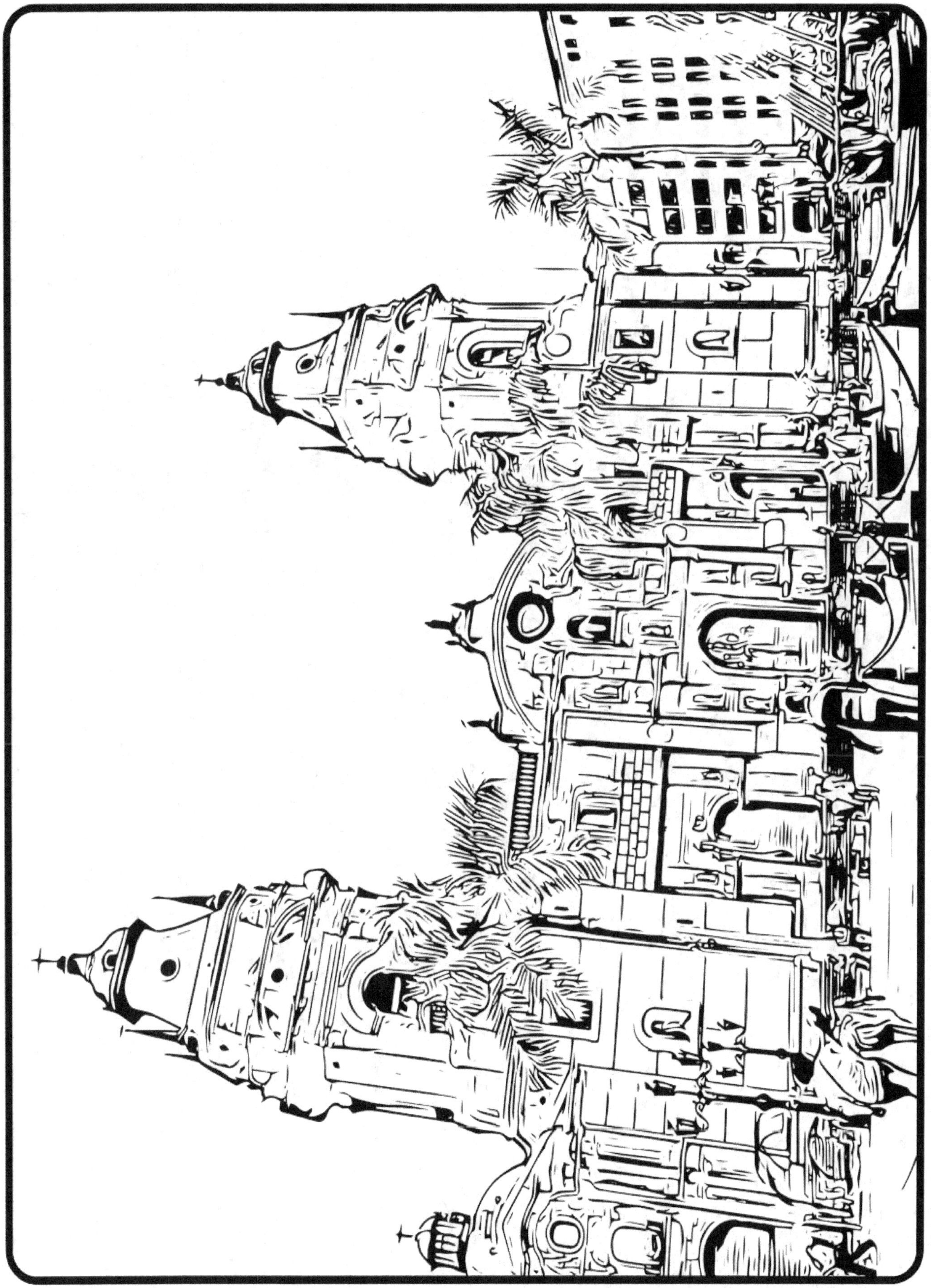

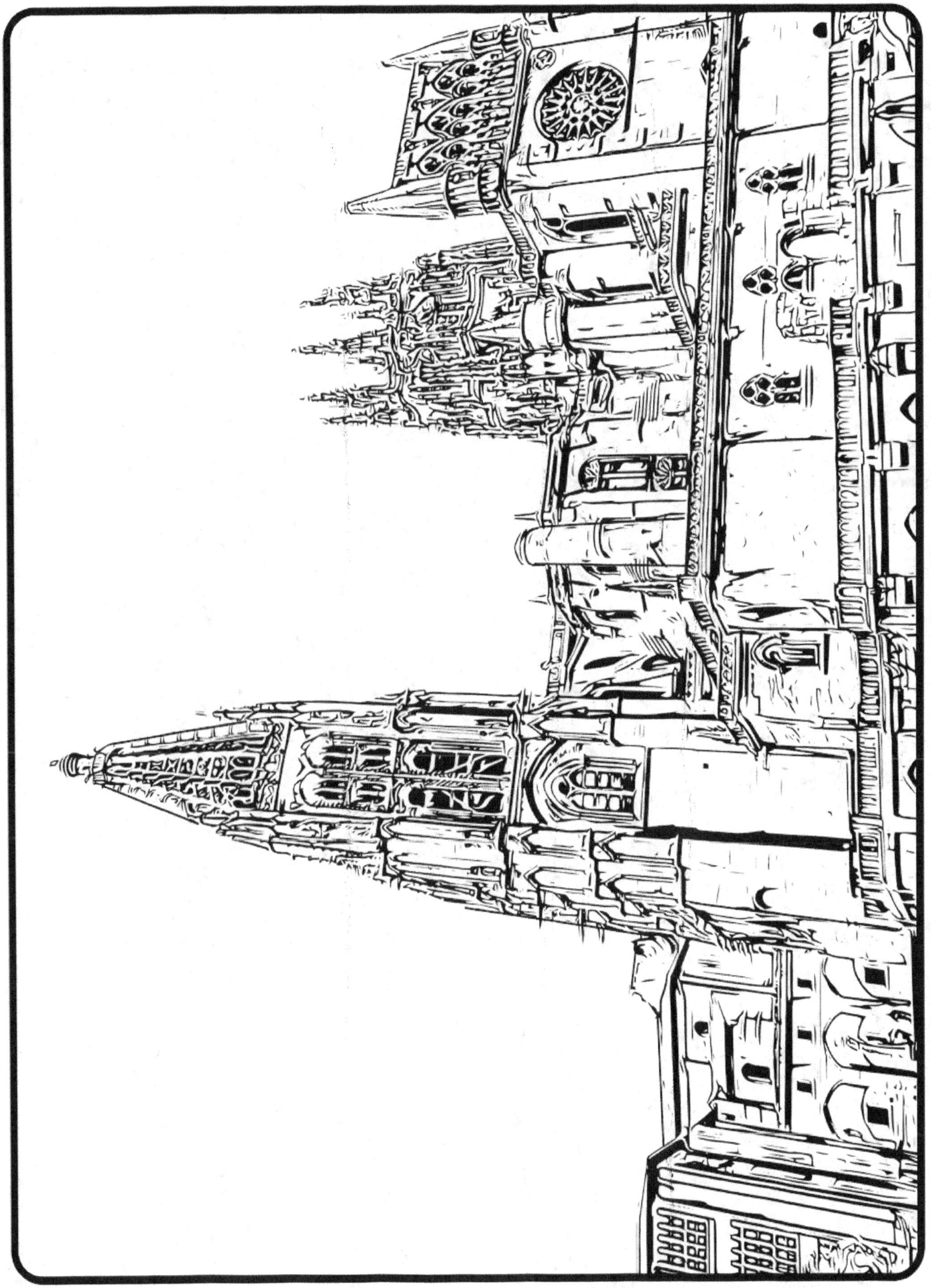

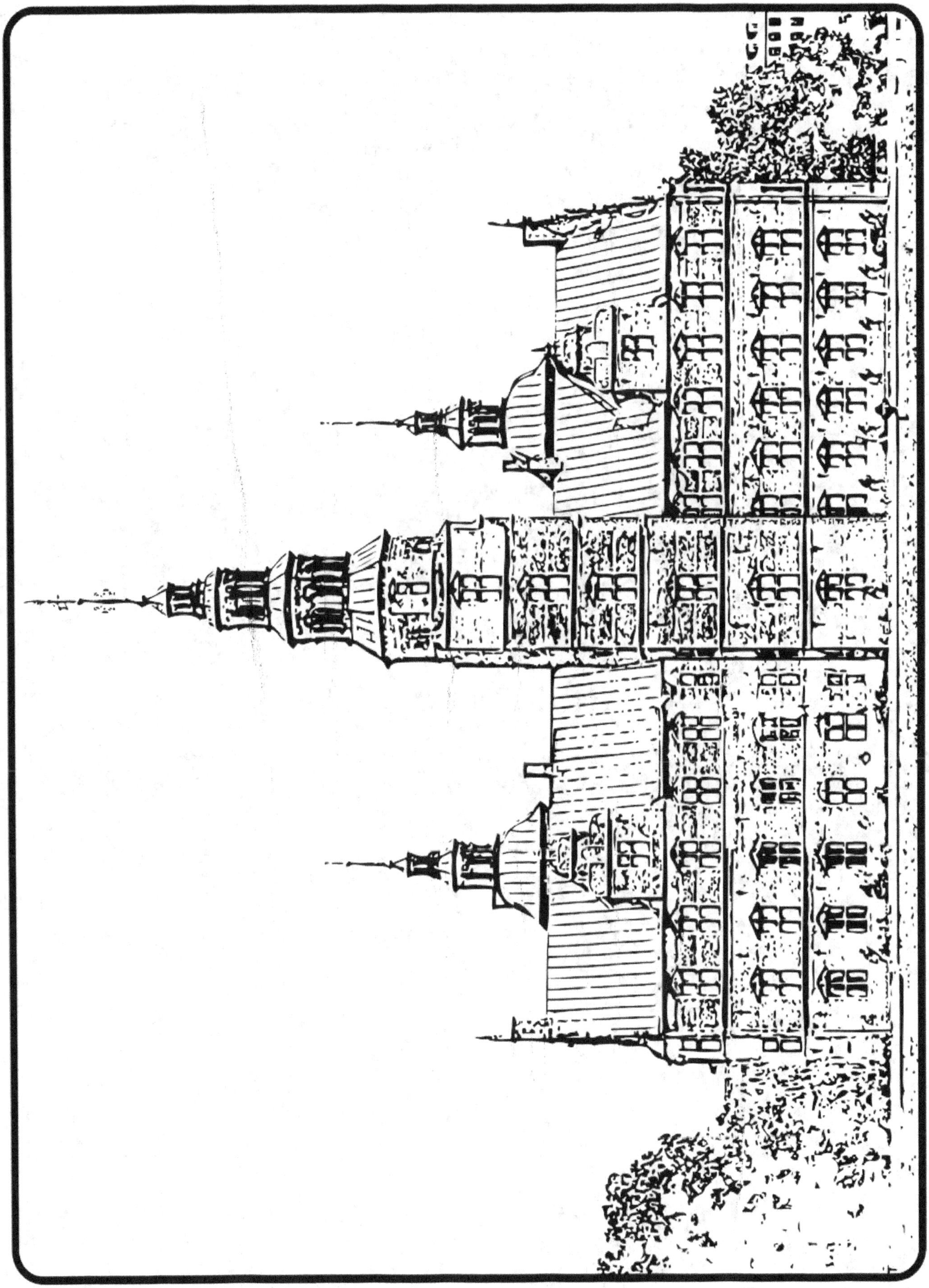

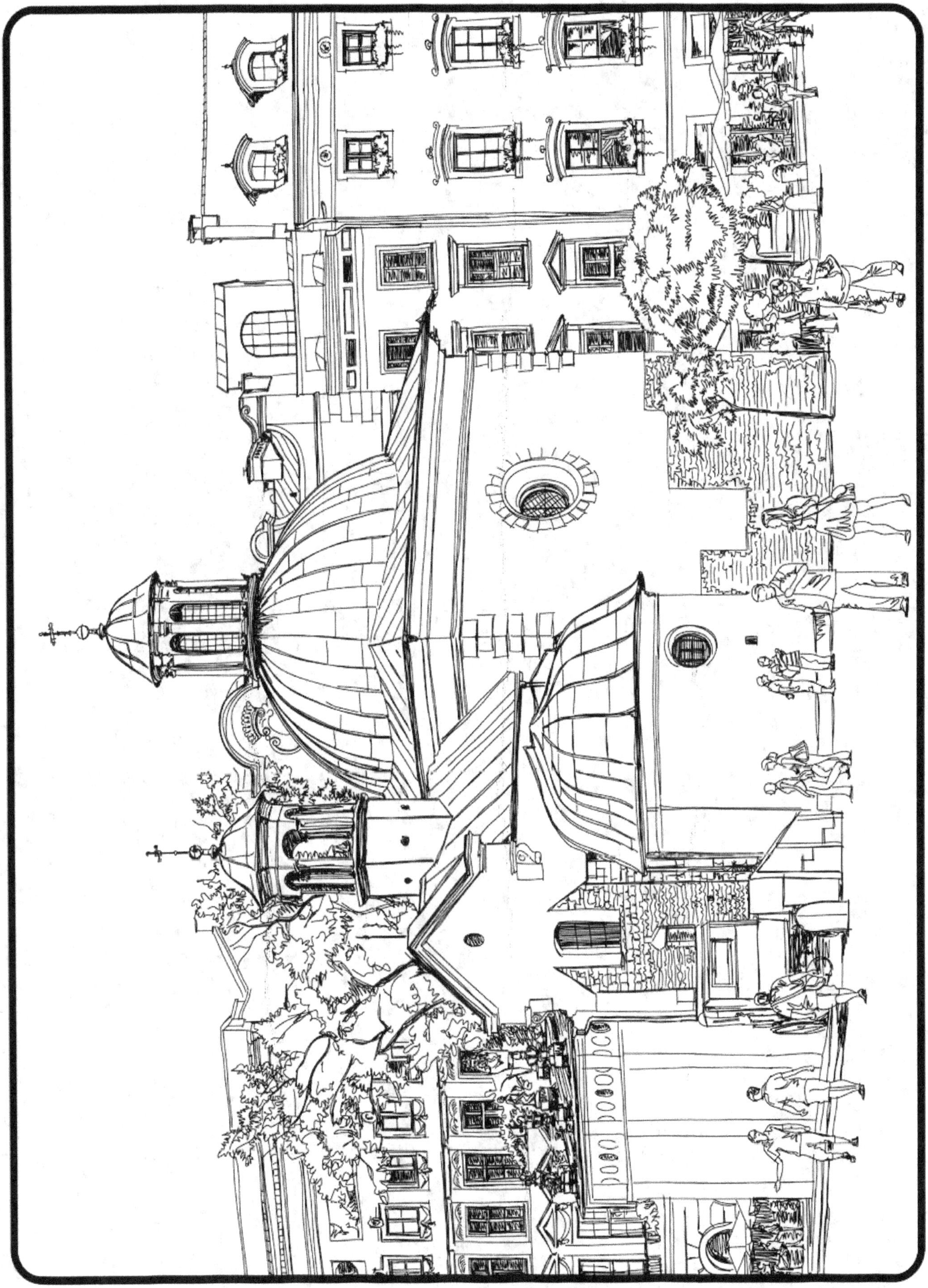

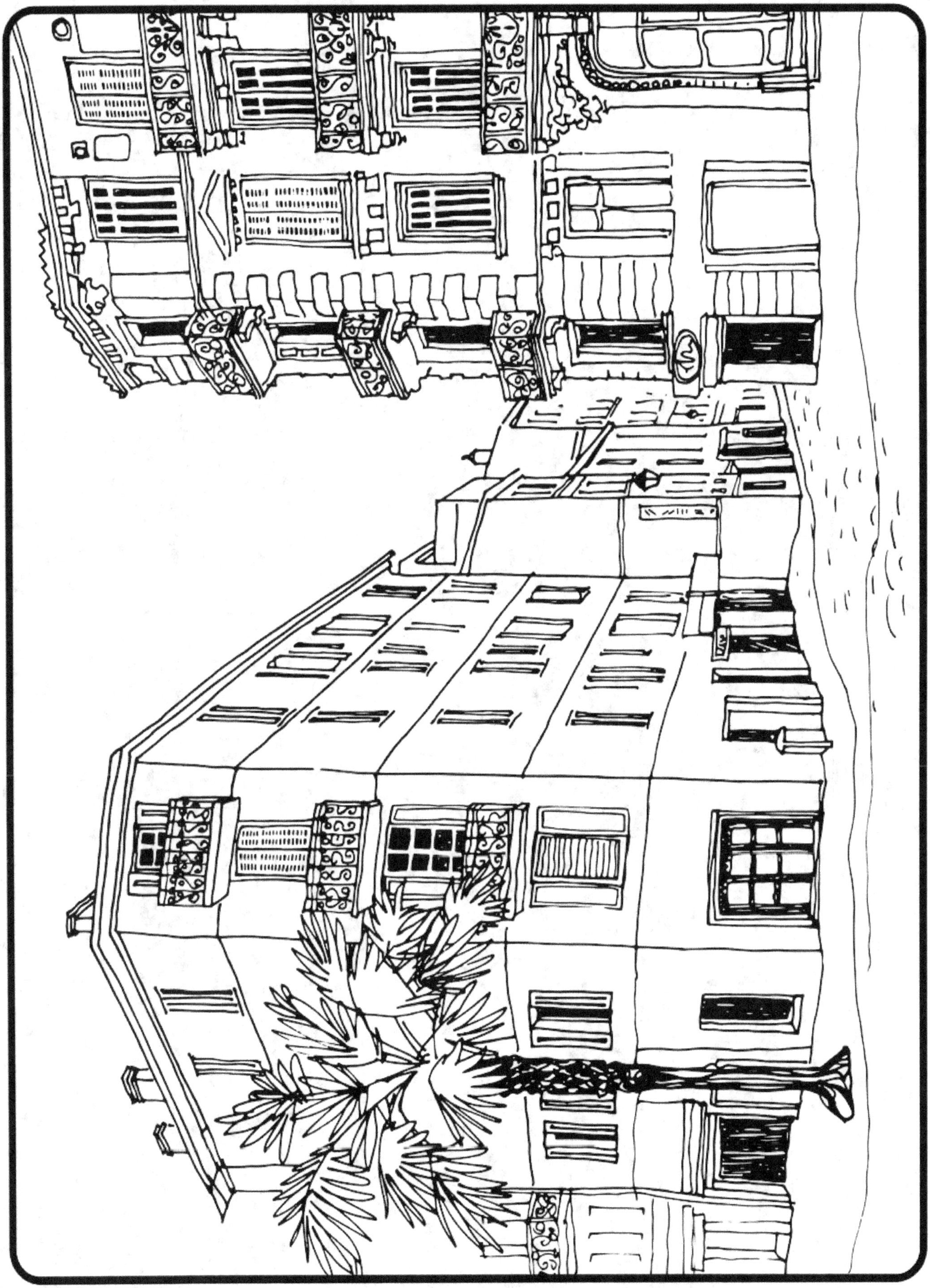

EGO SUM VIA VERITAS ET VITA

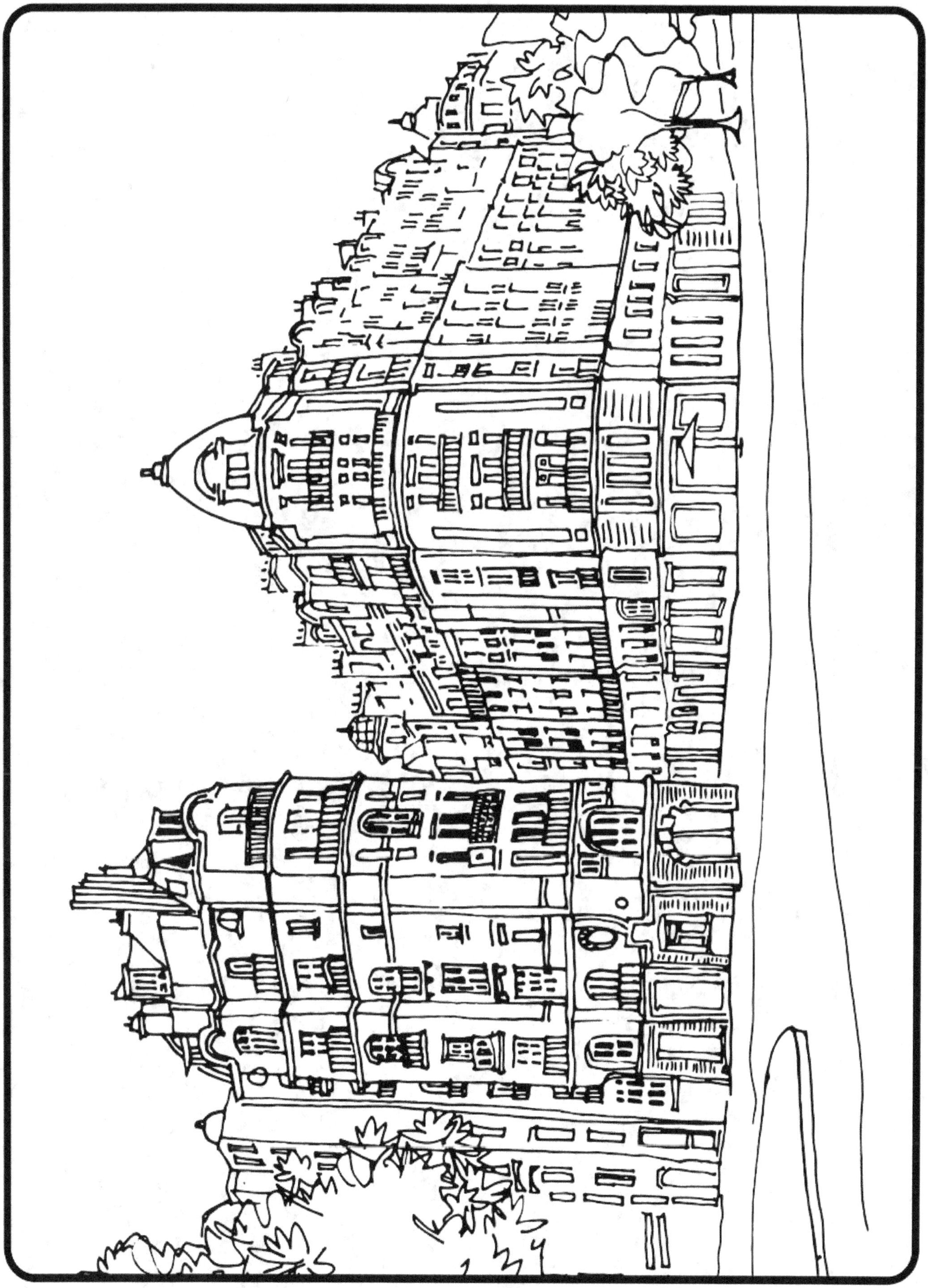

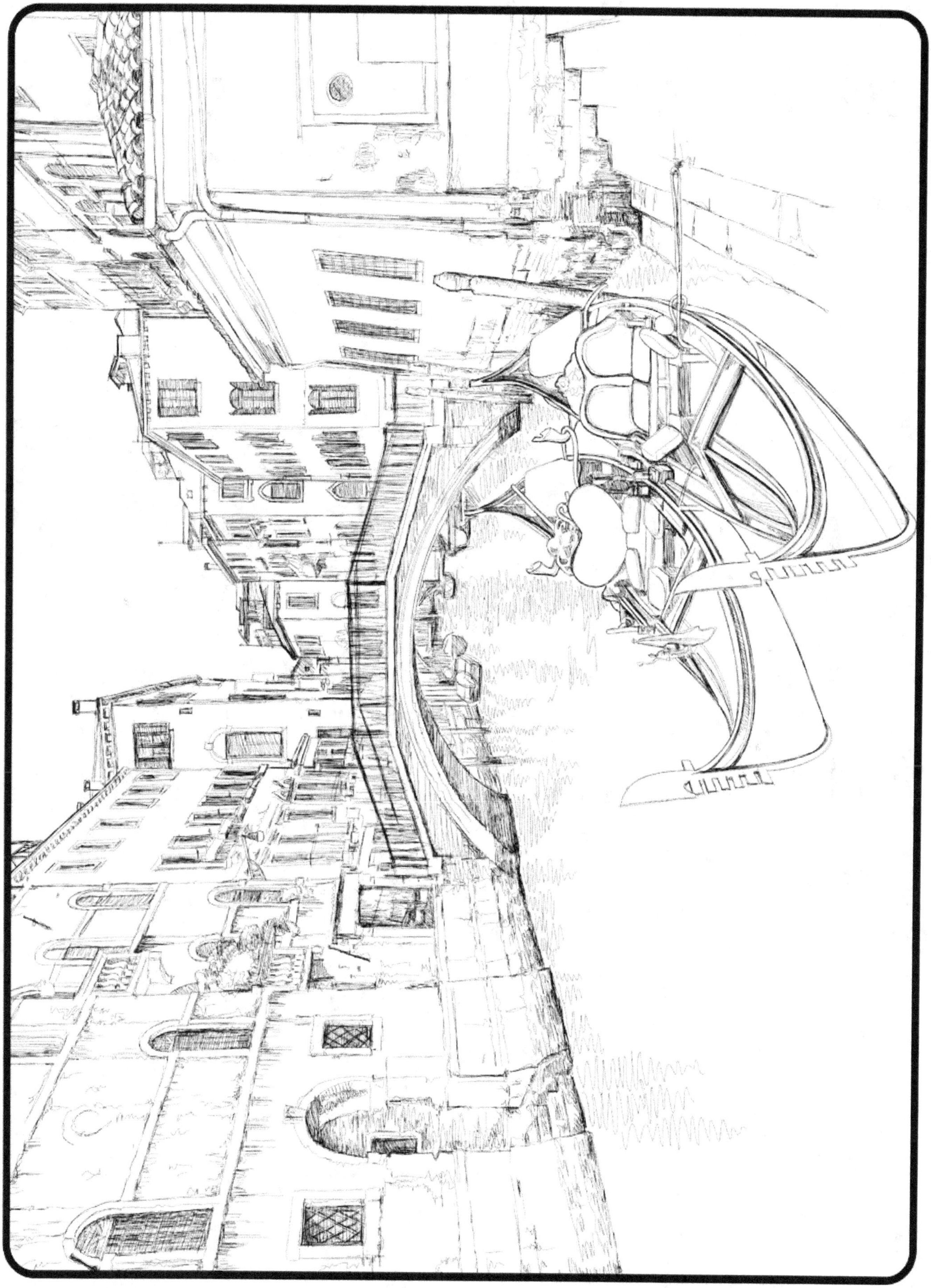

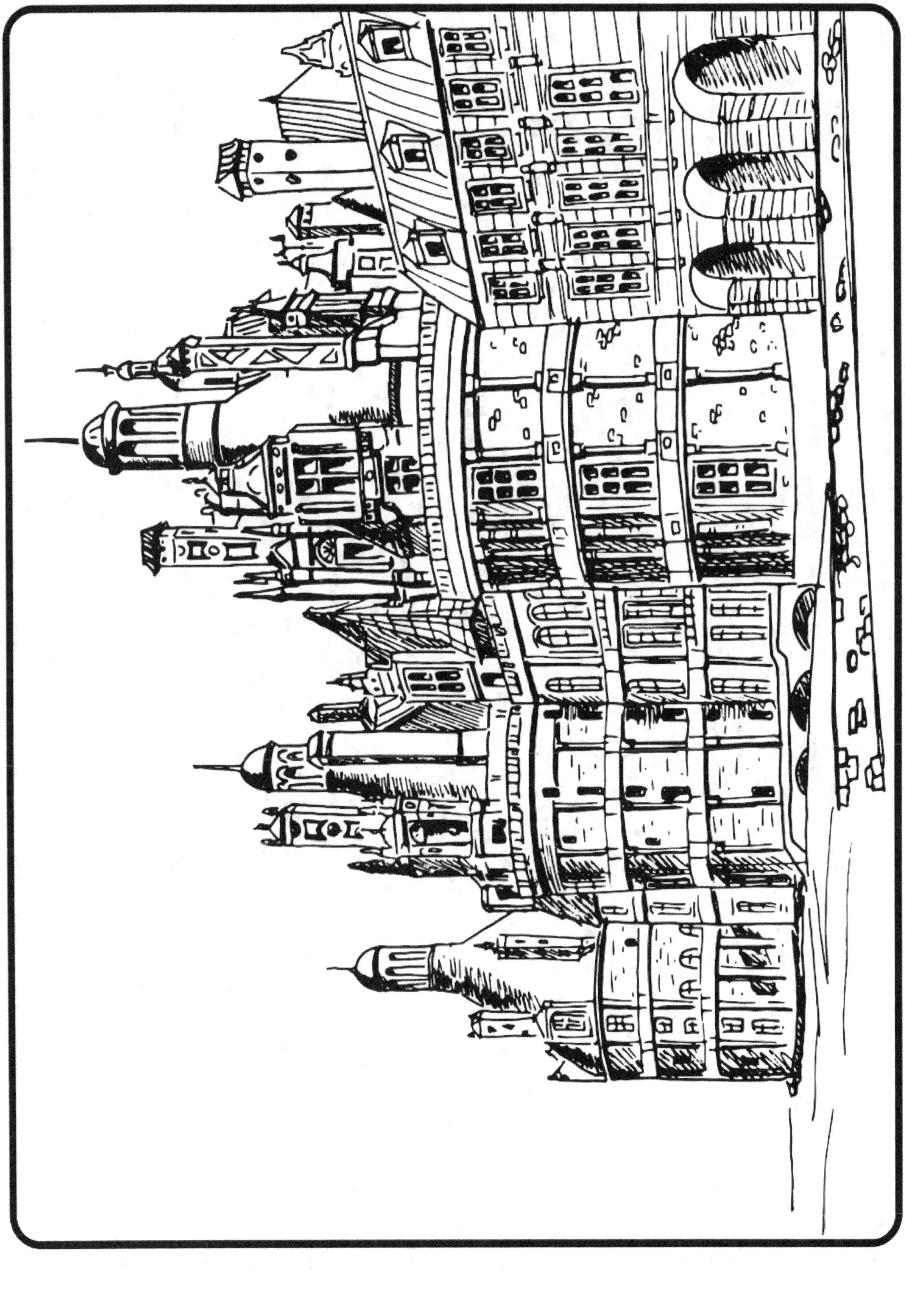

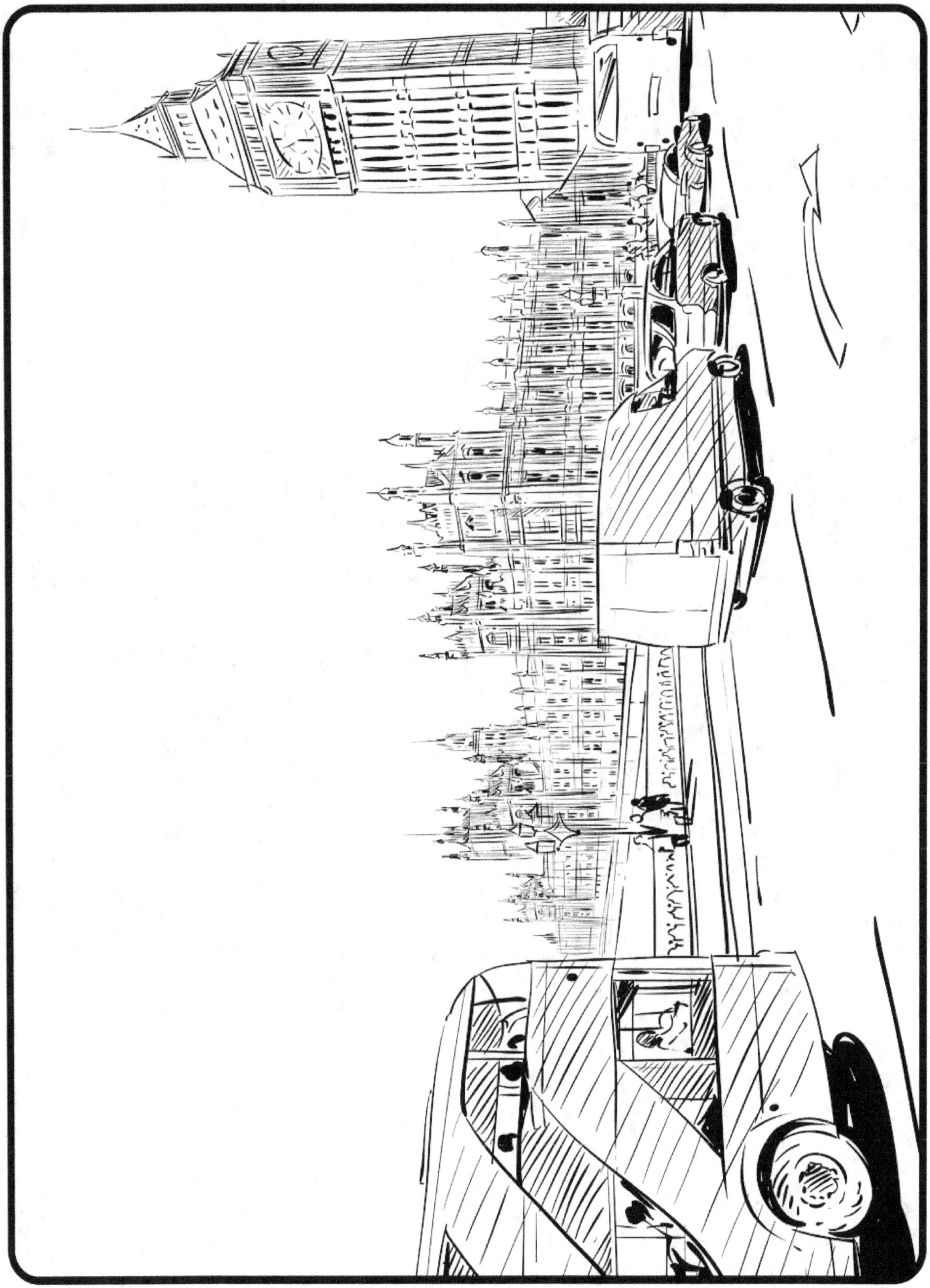

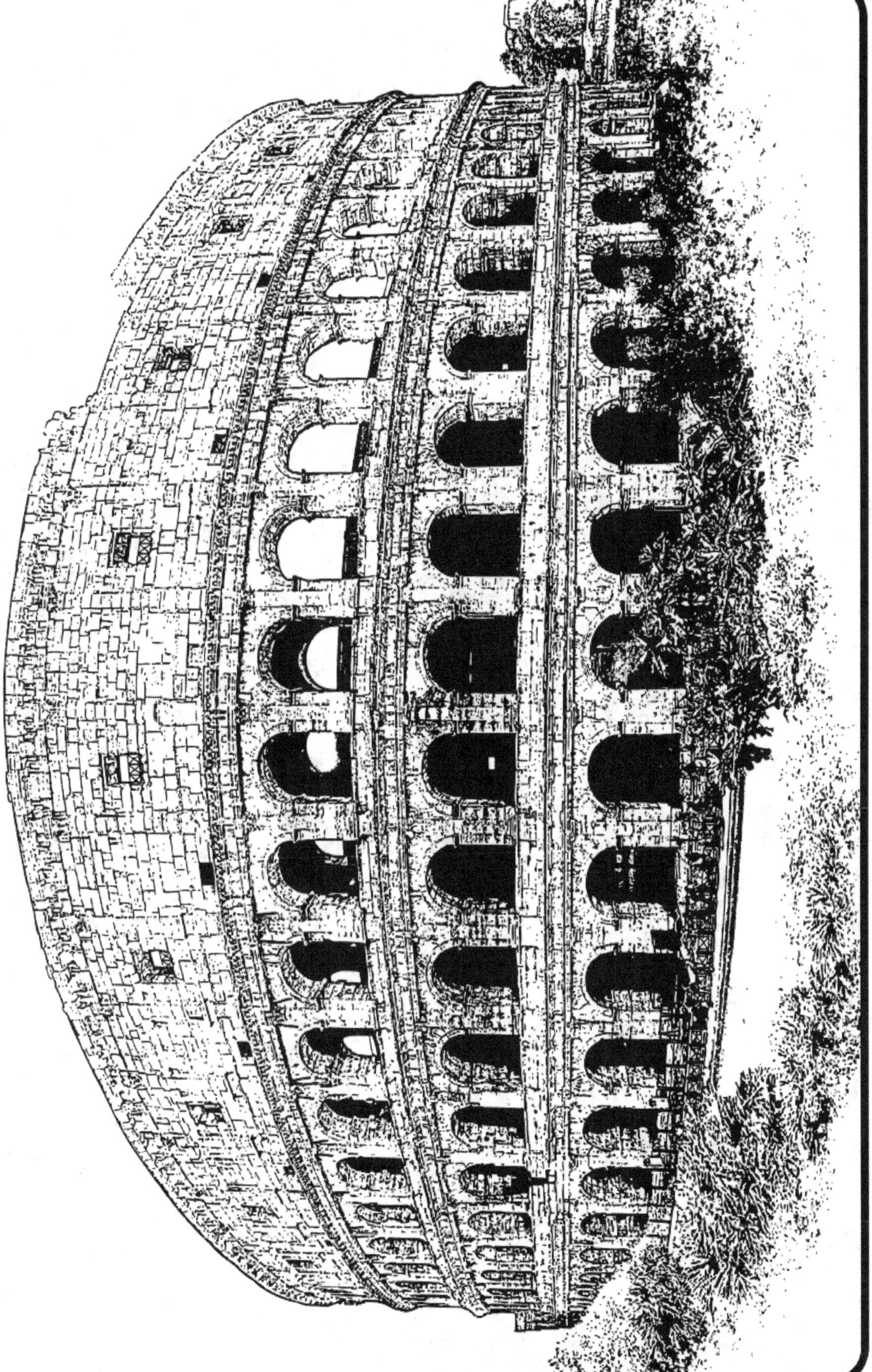

Merci d'avoir acheté ce livre

Si vous aimez le livre, pensez à laisser un commentaire, cela aidera l'auteur à créer de meilleurs livres à l'avenir.

www.amazon.fr/Katrin-Stark

www.ingramcontent.com/pod-product-compliance
Lightning Source LLC
Chambersburg PA
CBHW060613120726
48002CB00010B/2942
* 9 7 9 8 7 2 1 0 7 8 1 6 3 *